AF664954

Moi en émoi

Fabienne Renard

Moi en émoi

Recueil

LE LYS BLEU
ÉDITIONS

© Lys Bleu Éditions – Fabienne Renard

ISBN : 979-10-422-0299-6

Le code de la propriété intellectuelle n'autorisant aux termes des paragraphes 2 et 3 de l'article L. 122-5, d'une part, que les copies ou reproductions strictement réservées à l'usage privé du copiste et non destinées à une utilisation collective et, d'autre part, sous réserve du nom de l'auteur et de la source, que les analyses et les courtes citations justifiées par le caractère critique, polémique, pédagogique, scientifique ou d'information, toute représentation ou reproduction intégrale ou partielle, faite sans le consentement de l'auteur ou de ses ayants droit ou ayants cause, est illicite (article L. 122-4). Cette représentation ou reproduction, par quelque procédé que ce soit, constituerait donc une contrefaçon sanctionnée par les articles L. 335-2 et suivante du Code de la propriété intellectuelle.

Un grand merci à ma première lectrice mon élan,
pour sa générosité, son encouragement.
À l'inspiration de la vie,
ainsi qu'à mes amis pour leur soutien,
leurs émotions partagées.
Un clin d'œil à ma mère.

Aimer

Aimer sans écran
Aimer tendrement
Aimer sincèrement
Aimer simplement
Aimer profondément

Aimer sans retenue
Aimer l'inattendu
Aimer sans pudeur
Aimer avec ardeur

Aimer sans compter
Aimer regarder
Aimer donner
Aimer partager

Aimer vibrer
Aimer allumer
Aimer envoûter
Aimer sublimer

Aimer légèreté
Aimer gaîté
Aimer avec élégance
Aimer la fragrance

Aimer fierté
Aimer respecter
Aimer passionner
Aimer soupirer
Aimer désirer

Aimer plaisir
Aimer sentir
Aimer rire
Aimer rêver
Aimer liberté

Amour

Toi et moi perpétuel combat
Tu es perceptible dans mes pas

Tu me frôles je t'effleure
Tu m'échappes je te pleure

Ton charme irrésistible
M'attire vers ta cible

Tu m'enivres de tes saveurs
Tu rayonnes de tes couleurs

Tu me bouleverses
Tout se renverse

Te ressentir
M'attendrir

Tu me fais vibrer
Tu me fais pétiller

En m’ouvrant ta porte
Tu me transportes

Tu es mon énergie ma pile
Toi qui m’illumines

Amour-amitié

Donner sans rien en échange
Peut-être juste étrange

Seulement désintéressé
Le meilleur de l'autre désiré

Sourires rires partagés
Légèreté insoupçonnée

Confiance démesurée
Vérité méritée

Amour transcendé
Amour sans compter

Envahie de bonheur
Tout n'est que splendeur

Passer les saisons
Avec les mêmes sensations

Bonne étoile

Cette absence seule au volant
En conduisant d’un coup le néant

Mon esprit dans le noir
Mon corps en accessoire

Plusieurs secondes passées
Toute seule ma voiture a roulé

Puis la lumière est revenue
Mes mains sur le volant bienvenues

Continuant à rouler droit devant
Ralentissant sans accident

Reprenant le cours du temps
Sans panique dans l’élan

Brume

Sans regret d'avoir aimé
Le temps soigne la blessure
Le cœur dépose le costume
Sans reprendre ce qu'il a donné
Sa simple signature
Sans aucun goût d'amertume

La paix chasse le chagrin
À la croisée du regard enivrant
La voix chuchotant des mots
À la douceur du petit matin
Dans les bras enlaçants
Bonheur sans maux

Écrire une nouvelle histoire
Choisir la bonne plume
Celle qui sera belle
Qui mènera loin de la brume
Suivre le bonheur
Qui enchante le cœur

Cadeau

Te retrouver
Ton empreinte sur moi
Te regarder danser
Juste toi et moi

Entendre tes soupirs
Ton souffle sur ma peau
Envie d'y prendre goût
Rien de plus beau

Plaisir complice
Sensuel charnel
Quel délice
Réel intemporel

Être près de toi
Prendre le temps
T'apprivoiser te respecter
Tendrement amoureusement

Vivre ce cadeau
Cette évidence qui rend fou
T'aimer encore plus haut
Le tourbillon de nous

Caresses

L'ébauche d'un désir sexuel
Impose mes caresses sensuelles

Mes mains courent
Sur ta peau de velours

Mon errance frôle ton pubis
Vers l'antre de tes cuisses

Tes lèvres mouillées
M'offrent mille délices

Douce volupté
Ma bouche égarée

Se délecte de ta gourmandise
Ce miel divin quel délice

Ma langue vagabonde
Mes caresses inondent

Effleurer déguster
Suggérer enivrer

Mon corps contre le tien
Nos peaux ne faisant qu'un

Chemin

Voir la vie en couleur
Ce cerf-volant avec tant d’ardeur

Vire voltant de bonheur
Soufflant sur le cœur

Admirer les splendeurs
S’imprégner des odeurs

Goûter cette gourmandise
Se délecter de ce délice

S’accommoder des orages de la vie
Sourire du plaisir accompli

Laisser couler les larmes
Ne plus qu’elles réclament

S’accorder chaque moment
Comme le dernier instant

Sentir cette fleur
Être en apesanteur

S’ouvrir aux mille couleurs
S’épanouir dans sa demeure

Danser profiter
Accentuer respirer

Suivre son chemin
Avec de l’entrain

Chocolat

Noir blanc lait
Tout me plaît

Préférence pour le noir
Riche le soir

Le moelleux le soyeux
Le gratifiant le puissant

Le morceau juste croqué
Impossible d'y résister

Texture à sonorité nette
À en perdre la tête

Son fondant en bouche
Divinité farouche

Sensation de fraîcheur
Sensuelle apesanteur

Saveurs épicées corsées
D'une telle onctuosité

Quel plaisir subtil
Qui anime les papilles

Plaisir haut en saveurs
Profond en couleurs

Complicité

Ça a été violent
Juste dans l'élan

Plus de nouvelles
Ni de brèves

Je comprends ton besoin
Celui d'être loin

Mais j'espère te retrouver
Le temps avancé

Ne pas laisser tomber
Notre belle complicité

Coup de cœur

Quand je pense à elle
Ça me donne des ailes
J'ai froid seule dans mes draps
J'entends parfois sa voix
Ce murmure incessant
Qui devient harcelant

Elle a ce sourire charmeur
Qui bouleverse mon cœur
Un regard affirmé
Un caractère bien trempé
Son parfum envoûtant
Lui va comme un gant

Une rencontre paniquée
Des sourires légers
Des regards furtifs
Tout est explosif
Je la respire
Mon cœur chavire

Mes mains sur sa peau
Tout est encore plus beau
Mes mains sur son corps
Je la désire encore plus fort
L'effleurer goûter à ses lèvres
C'est comme dans un rêve

En éveil auprès d'elle
Tout me paraît irréel
Des baisers sensuels
Quelle douceur charnelle
Une sensation si forte
Qu'elle me transporte

Insoutenable dureté
Rupture assurée
Difficile réalité
Mon cœur déchiré
Le souffle coupé
Je l'aime à en crever

Je suis dans le noir
Me regarde dans le miroir
Sans aucun infime espoir
De pouvoir un jour la revoir
Sans aucune rancœur
Elle restera à jamais dans mon cœur

De passage

Tu ne voulais pas tomber en amour
Ça, c'était ton choix
Pour moi, c'était trop tard
Mon cœur battait déjà pour toi
Ne voulant pas suivre ton regard
Alors j'ai gardé espoir
Envie d'un coup de folie
Te retrouver dans ton lit

Puis m'infliger cette distance
Ne pas vivre cette évidence
De ne plus se revoir
Et rester sans le noir
Mais j'ai accepté l'inextricable
Alors que j'avais envie de l'irraisonnable
Rien n'était impossible
La folie du possible

Et puis j'ai compris
Mon ciel s'est assombri
Je n'ai été que de passage
Un court moment sur ta page
Mon cœur malmené
T'entendre parler de ton aimée
T'es-tu demandé mon ressenti ?
Le bouleversement dans ma vie ?

La raison l'a emporté sur la déraison

Deux ans

Arrivée de nulle part
Sortie d'un placard
Fabuleuse réalité
D'avoir été adoptée
Il n'y a pas de hasard
Pour un nouveau départ

Apeurée désorientée
Difficile de m'approcher
Un ballon envoyé
Le ballon rattrapé
Une main tendue
La glace est rompue

Intimidée parfois perdue
Dans ce monde tant attendu
Sans questions sur mon passé
Petite fille renfermée
Mes parents fiers et comblés
Accompagnée de leur poupée

Écorchée vive

Cette nuit-là
Endormie près de toi
Tu m'as prise par surprise
Impossible de résister à ton emprise

Tu m'as forcé
Volée dépossédée
Sans rien me demander
Alors tout a basculé

Mon corps spolié
Souffrance décuplée
Agression infraction
Et puis incompréhension

Perdue dans le cosmos
Le mal jusque dans les os
Écorchée bafouée
Fermement décidée
À ne plus vivre à tes côtés

Se reconstruire oublier
Cette image du passé
Qui me hante et revient
Qui jamais ne s'éteint

Écrire

Poser les maux
Sans jeu de mots

Les laisser danser
Les laisser s'apprivoiser

Suivre la plume déchaînée
Sur le papier imbibé

Se donner du plaisir
Simplement ressentir

Sensation de liberté
Pouvoir affirmé

Aider à dégager
Des maux à évacuer

Mélange intemporel
Plaisir spirituel

Pouvoir se libérer
Pouvoir enfin respirer

Elle

La regarder sourire
Quel sublime plaisir
La regarder bouger
Envie de l'apprivoiser
Ses gestes affirmés
Envie de l'accompagner
La transparence de son chemisier
Laisse apparaître son décolleté

Elle se retourne vers moi
Je suis en émoi
Le regard profond
J'ai des palpitations
L'effleurement de nos bras
La chaleur monte en moi
Nos corps se rapprochent
C'est l'ultime accroche

Un désir ardent
Nous anime en un instant
Goûter à ses lèvres
Cette douceur sensuelle
Ce baiser aventureux
Langoureux sulfureux
Sensation intime
Le corps s'anime

Déboutonner son chemisier
Attise ma curiosité
Ses joyaux animés
Quelle onctuosité
Caresses au creux de ses reins
Je ne retiens plus mes mains
Elles glissent entre ses cuisses
Y découvrir son trésor complice

Après cette danse endiablée
Déconnectée de la réalité
Ce plaisir partagé
Ce moment de sensualité
Ce parfum de douceur
Qui emplit notre cœur
Main dans la main
Bientôt un nouveau refrain

Elmira

Toi mon amie pétillante
Éblouissante rayonnante

La maladie a ôté tes deux seins
Ce cancer qui t'a atteint

Le combattant tu t'es soignée
Il t'a grignoté sans rien te demander

Ton corps abîmé
Ton courage surdimensionné

Cette souffrance au quotidien
Te voir changer tous les matins

Injustice traîtrise
Gratuité cruauté

Toujours le sourire aux lèvres
Mais c'est la fin de cette trêve

Des années, tu t'es battue
Jusqu'où tu as pu

À bout de souffle
Tu as lâché

T'emportant loin devant
Pour toi le soulagement

Envie

Envie de te revoir
Le temps d'un soir
Suivre cette partition
Sans se poser de question
Jouer les mêmes notes
Celles qui transportent

Avant le retour sur ton île
Profiter d'un moment intime
Désir plus fort plus chaud
Donner prendre le beau
Partager avec entrain
Un ultime refrain

Suivre le chemin sensuel
S'offrir un moment charnel
Respirer tes soupirs
Murmures plaisirs
Déployer nos ailes
Pour un voyage intemporel

Me blottir dans tes bras
Instant en émoi
Simplement libéré
Vibrer à tes côtés
Me délecter de ce moment
Juste l'instant présent

Esquisse

T'apprivoiser, te dessiner
Suivre tes contours, sans détours
Œuvre projetée, légèreté sublimée

Été

L’été en bord de mer
Sur la plage les rochers
Allongé sur le sable surchauffé
À vif le corps brûlé
À tire d’ailes le soleil

Les pensées évasives
Les reflets attractifs

L’été en bord de mer
Sur la plage les rochers
Le souffle du vent
Le ressac incessant
Tout devient entêtant

La musique des vagues
Le mouvement divague

Étincelle

Comme on craque une allumette
L'étincelle a jailli de l'inexplicable

Pour celle que je ne connais pas
Pour celle que je n'ai vue qu'une fois

Mon cœur s'est embrasé il réclame
Simplement être tout feu tout flamme

L'étincelle illumine comme une chance
L'étincelle brille comme une évidence

Mais son cœur brûle pour une autre
Et elle vit à l'autre bout du monde

Pour moi lueur déraisonnée
Alors, respecter ne pas l'apprivoiser

Puis éteindre cette étincelle
Ne pas me brûler les ailes

Peut-être se rallumera-t-elle
À un autre moment auprès d'elle

Évidence

Je t'ai vue tu m'as plu
Je t'ai rencontrée un pas de plus

L'espace d'un instant
Claquant celui évident

Envie de tout
Désire de tout

Moment charnel
Espace intemporel

J'ai eu le coup de cœur
Mais ta vie est ailleurs

L'empreinte d'une femme dans ton cœur
Cette impossible ardeur

Nos chemins se sont croisés
Justifié affirmé

Malheureusement à contre temps
Juste l'instant présent

Ne pas te retenir
Je t'ai laissé partir

Tu m'as laissé passer
Sans te retourner

Face à face

Se mettre dans le noir
Se regarder dans le miroir
Se sentir submergé
Faire face à la réalité

Savoir où aller
Vers quoi se tourner
Moments difficiles
Tomber dans l'abîme

Se faire aider
Facilité affirmée
Sortir du sommeil profond
Évacuer les démons

Pouvoir s'accepter
Confiance assurée
Sans tourbillonner
S'écouter se retrouver

Faille

Il est des matins
Ou tout est chagrin

Le cœur serré
Le visage renfermé

Se sentir enchaîné
Sans pouvoir se dégager

De l’ultime vérité
De pensées envoûtées

L’esprit accablé
Le corps fatigué

Dure réalité
Moment rejeté

Un mal-être incompris
Le cœur alourdi

Douleur insoupçonnée
Souffrance démesurée

Une vision noircie
Le regard affaibli

Les dés sont jetés
Les larmes ont coulé

Femme

Ta posture avancée
Ta démarche affirmée

Ton allure attirante
Ta prestance évidente

Tes jambes fuselées
Ton corps élancé

Tes cheveux dans le vent
Simplement ensorcelant

Ta voix enivrante
Juste apaisante

Tes mains délicates
Tes gestes adéquats

Ton regard pétillant
Un soupçon scintillant

Ton sourire éclatant
Ton rire communiquant

Tes lèvres attirantes
Ta bouche gourmande

Ton charme irrésistible
Qui attire vers l'intime

Féminité

Les senteurs
Les saveurs
Les caresses
La justesse

La douceur
La chaleur
Le sensuel
Le charnel

Le parfum
Le grain
Le toucher
Le goûter

La délicatesse
La tendresse
Les rondeurs
Les valeurs

La volupté
L'onctuosité
La sensualité
La féminité

Feu

Crépitant de ta lumière étincelante
Au seul parfum de ta chaleur
Ta fleur rouge éclatant
La violence de ta fureur

Ton souffle attise les flammes
Tu es rapide et te faufiles
Tu déverses sans égale tes larmes
Sans te soucier de la brindille

Toi qui brûles en plein cœur
Ton audace qui se propage
Ton appétit élève ton ardeur
Consumant tout sur ton passage

Suivant ton chemin
Ta gourmandise
Sans t'occuper de ton prochain
Avec franchise convoitise

Fleur

Une fleur dans le cœur
Une femme quel bonheur

La laisser se sublimer
S'ouvrir à la beauté

L'élégance démesurée
L'infinie réalité

La respirer le matin
Humer son parfum

Admirer sa couleur
Rayonnante d'ardeur

Vouloir la cueillir
La nourrir de plaisir

Découvrir son pistil
Délicat érectile

La laisser s'épanouir
Un brin subtil

Vouloir la garder
Sans jamais s'en lasser

Force

Toujours là mon amie, tu illumines ma vie
Fidèle à mes côtés, sans jamais te retourner
Ta puissance guide mon cœur, en apesanteur vers l'infini

Harmonie

Tu illumines nos vies
Ensemble, tu nous unis

Tu guides nos cœurs
Vers l'équilibre des saveurs

Ton son résonne dans le noir
Ta musique élégante de l'espoir

La fragrance de ta fleur épanouie
Ton regard qui s'en nourrit

Tu apaises l'euphorie des couleurs
Du soleil rougissant de splendeurs

Ton monde en symphonie
La vie le rêve l'envie

Impossible fleur

Le parfum de cette fleur
Enivre mon cœur
Troublant charmant

La cueillir avec douceur
L’arroser avec amour
Elle est fermée à ma couleur

Protéger mon cœur de ses épines
La laisser s’épanouir s’ouvrir

Je t’aime

Je t’aime
Tu ne peux m’aimer

Je t’aime
Ton cœur est fermé

Je t’aime
Vouloir y croire

Je t’aime
Laisse-moi t’aimer

Je t’aime
Laisse-moi te sublimer

Je t’aime
Cette passion sans raison

Je t’aime
Pourquoi je reste ?

La nuit

Elle est le temps des amants
Ou tout est encore plus grand

Elle est faite d'amour
Elle se cache du grand jour

Son obscurité éveille le désir
Pour entendre les soupirs

Elle cache ce qui ne peut être dévoilé
Elle aiguise le toucher

Son calme donne envie de tempête
À en perdre la tête

Elle offre l'ivresse l'audace
Le feu aux amants en préface

Larmes

Mon cœur pleure
Souffre de ton absence
Tu es dans ta demeure

Mon cœur pleure
Souffre de la réalité
Effleurer le bonheur

Mon cœur pleure
Souffre de cette évidence
Passée avec ardeur

Mon cœur pleure
Souffre de tes silences
De la profondeur

Le clic

La rencontre sur un site
C'est le clic magique
Elle reste virtuelle
Tout à fait potentielle

Pas de hasard dans la vie
Suivre ses envies
Les notes sont posées
La partition ébauchée

Rien n'est joué
Le morceau juste commencé
Difficile de vibrer
Sans la réalité

Ne pas passer à côté
D'une entrevue partagée
D'un moment de détente
Simplement élégante

La balle est dans son camp
Je souhaite prendre le temps
Pour une rencontre simplement
Il n’y aura plus d’écran

Loin

Si tu n'habitais pas à l'autre bout de la terre
J'aurais tout fait pour te plaire

T'empêcher de souffrir, combler cette absence
Te sourire, te séduire, magnifier cette danse

T'emmener loin de la réalité, te faire succomber
Ne pas te laisser t'embourber, t'aider

T'apprivoiser, t'aimer sans compter
Faire basculer ton cœur dans cette nouvelle demeure

Avancer sans se retourner, un doux présage
Choisir ce passage, écrire une nouvelle page

Ma « J. S. »

J'ai aimé cette belle journée
Avec élégance et volupté

J'ai aimé rire sourire
La regarder marcher

J'ai aimé l'intensité du désir
Où nos mains chavirent

J'ai aimé goûter à ses lèvres
Nos langues s'entremêlent

J'ai aimé la déshabiller
Découvrir sa peau tatouée

J'ai aimé effleurer son corps
Mes mains sur sa peau

J'ai aimé stimuler ses tétons
Action réaction

J'ai aimé goûter à son trésor
Encore encore

J'ai aimé l'élan de liberté
Moment d'intensité

J'ai aimé passer ma main dans ses cheveux
Couvrir son cou de baisers

J'ai aimé danser
Sur cette musique partagée

Ma perle

Je t'imagine
Je te respire
Je te rêve

Tu me hantes
Dans mon antre
Mon bas ventre

La lueur de tes yeux
Je respire mieux
Je te veux

Tu fais battre mon cœur
Avec tant d'ardeur
Tant de splendeur

Toi qui seras mienne
En costume de lumière
Juste ma perle

Maladie

Voir sa mère diminuée
Pénible vérité
Le regard sans vie
La mémoire enfouie
Perdue entre la nuit et le jour
Difficile compte à rebours

Moins de repères
Sa vie devient amère
Partir se promener
Sans savoir où aller
Retrouver son chemin
Seulement le matin

Les histoires du passé
Le présent effacé
Le fromage dans l'armoire
Le sel dans le tiroir
Plus beaucoup d'espoir
D'un jour la revoir

Courts moments de couleur
Qui réchauffent le cœur
Un sourire
Elle respire
Maman retrouvée
Joli pied de nez

Seule dans sa maison
Il n’y a plus de raison
Plus possible d’y rester
La placer pour la sauver
Difficile dureté
Maladie qu’on ne peut maîtriser

Maman

Tu es loin maintenant
Je pense à toi souvent

Ton cœur s'est arrêté
Maintenant apaisée

La plus belle des morts
Sans aucun effort

Juste un dernier soupir
Endormie sans souffrir

Pour toujours
Retrouver ton Amour

Maux mots

Perdue
Malentendue
Essoufflée
Désorientée

Solitude Ingratitude

Éloignée
Isolée
Égarée
Affaissée

Anéantie Affaiblie

Fissure
Fêlure
Déchirure
Cassure

Démons Profonds

Sensibilité
Affectivité
Tristesse
Sagesse

Drames Larmes

Effleurées
Coulées
Évaporées
Évacuées

Mer

Quelle merveille enivrante
Que cette mer apaisante

Regarder la ligne d'horizon
Sans jamais voir le fond

Cette couleur si intense
Parfois moins dense

Ce paysage changeant
Aux reflets différents

Cette mer d'huile qui scintille
Elle berce et brille

Cette allure survoltée
Cette danse déchaînée

Ce ressac incessant
Ce bruit assourdissant

Elle nous offre ce tableau
Qui nous laisse sans mots

Et entraîne dans sa danse
Avec une infinie élégance

Mon amie

Quelques années passées
Des plaisirs partagés

D'instants émouvants
Se racontant riant

Se tenir par la main
Quand il y a besoin

Se prendre dans les bras
Simplement sans contrat

Puis un jour patatras
C'est le fracas

Chacune de notre côté
Notre vie bousculée

Par des moments pénibles
Tristesse déséquilibre

Des messages envoyés
Discours déchaînés

Maladresse des mots
L'autre à fleur de peau

Échanges déséquilibrés
Mal être de chaque côté

Une entaille s'est formée
Le puzzle disloqué

Le temps est suspendu
Rien n'est perdu

Mon petit astre

Dans mon ventre, tu grandissais
Tu étais différent mais je t'aimais
Tel que tu étais
Je te ressentais et te désirais

Mais quel serait ton avenir ?
Ta vie serait-elle un combat ?
De chaque jour de chaque souffle ?

Questions hésitations
Décider choisir
Le couperet est tombé
Cruelle décision

Alors, ne pas te voir grandir
Même différent
Accouchement
Déchirement

Tu es mort-né
Ne rien regretter
A jamais vivant dans mon cœur
Mon petit astre tu demeures

Musique

Ma princesse de toujours
Tu es le reflet de mon âme

Je te danse chaque jour
Mon cœur vibre de ton art

Harmonie mélodie
Au rythme de ma vie

Neige

La neige est tombée
Les flocons emmêlés
Ce paysage enneigé
Sensation de liberté
La nature est figée
Tout n'est que pureté

Immaculé de blanc
Tout est scintillant
Plus de son assourdissant
Juste le souffle du vent
Qui soulève ce drap blanc
Instant d'émerveillement

Ce paysage solennel
Cette splendeur irréelle
Ce moment factuel
Qui vous donne des ailes
Les pas qui craquellent
Moment intemporel

Orage

D’où vient ton regard sombre quand tu grondes
Toi qui obscurcis le ciel de ta colère profonde
Toi qui déverses tes larmes sur la terre
Avec ton air satisfait de ton désastre

Parfum

Tu es l'invisible
Le perceptible
Cette caresse qui inspire
La douceur qui enivre

Ce joyau dans ce flacon
L'odeur de la passion
Union fusion
Impose ta communion

Précieux dans ta robe délicate
Ta fragrance ton harmonie
Ta senteur infinie
Enveloppe démoniaque

Les larmes qui t'habillent
Offre l'intensité subtile
Cette osmose qui explose
Ce souffle de liberté

Tes délicats arômes sensuels
Tu t'évades aux confins du charnel
Fidèle parfois éternel
Ensorcelant déstabilisant

Ton empreinte sur la peau
Le velours de tes mots
Associés le corps le cœur
Tu es l'illusion de la vie

Partition

La tête lourde de maux
Elle est groggy de mots

Incessants bousculants
Harcelants déroutants

Être dans un état second
Submergé par les émotions

Laisser courir la plume
Sur le papier les enclumes

Fusion explosion
Profusion effusion

Elle suit le tempo
Pour libérer le cerveau

Se souciant du moindre mot
S'alignant dans ce chaos

Écrire les quelques notes
Celles qui trottent

Enivré transporté
Ajusté justifié

Puis retrouver le silence
Avant que ça recommence

Plaisir

Dans mon esprit
Un moment d'absence
Plus de résonance
Profondeur infinie

Séparée de mon corps
Être transportée
Le temps s'est arrêté
Un ressenti si fort

La mémoire effacée
De l'instant animé
D'une telle intensité
Ce plaisir partagé

Plume

Celle qui sublime
Touche la beauté
Douce liberté
Souffler voler
S'en délester
Vire volter
Le cœur léger

Ras le bol

Des gens qui passent devant
Sans respect méprisants
Des gens ne voyant pas le mendiant
Juste devant évitants
Des gens qui quittent le train
Sans vous tendre la main
Des gens qui délaissent leurs amis
Dès que le ciel s'assombrit
Des gens aux regards indifférents
Inexistants faux semblants
Des gens avec de tels comportements
Écœurants bruyants

Arrêter de traverser des océans
Pour des gens ne prenant pas le temps
De faire un pas au-dessus de la flaque
Pour qui tout se détraque

Rencontre

Celle inattendue
Le soir venu
Sensation déjà connue
Le temps suspendu

La musique en fond sonore
Cette danse corps à corps
Harmonie du décor
Sensualité en total accord

Le souffle léger
Impression de flotter
Désir partagé
Onctuosité enivrée

La déshabiller au petit matin
Glisser sous les draps de satin
Effleurer le bout de ses seins
Mains dans le creux de ses reins

Corps enchevêtrés
Gestes animés
Positions alternées
Nuit agitée

Plaisir profond
Plonger dans du coton
Moment si bon
L'esprit vagabond

Rendez-vous

Tu es celle que j'ai rencontrée
Un bel après-midi d'été

Une promenade sur la plage
Fluidité liberté un bon présage

Nous nous sommes vues tout l'été
Des moments charnels partagés

Disloquée relation de courte durée
Elle s'est transformée en amitié

Sincère précieuse complicité
Puis l'engrenage s'est édenté

Tu as décidé de t'éloigner
D'un trop-plein accentué

Sans te soucier de ma fragilité
Privilégiant ton procédé

En me déstabilisant
Et en me renfermant

Puis le temps est passé
Tu es revenue vers moi

Sans se revoir
L'appel d'un soir

Nous avons échangé de ton éloignement
Et de ta posture du moment

Voulant effacer les rayures
Te justifiant sans excuses

Mais ta violence m'a fait mal
Démesurée maximale

Avec cette déception de l'inattendu
L'incompréhension ce temps perdu

Depuis je ressens une fêlure
Dans mon cœur une cassure

Le temps soignera-t-il cette blessure ?

Respiration

À un moment voulu
Le temps s'est suspendu

Une décision accordée
D'enfin me poser

Vider mon esprit
Vers un nouveau souffle de vie

Prendre une nouvelle respiration
Sans aucune hésitation

Vouloir écrire une nouvelle page
Pour une nouvelle vie pleine d'images

Sentiments

Il est des sentiments profonds
Que ma discrétion réserve pour toi
Il est des pensées avec émoi
Des poèmes d'amour
Pour un jour pour toujours
La plus belle des chansons

Souffrance

Tu as beaucoup d'amis
Tu es présente dans nos vies
De ta robe nuancée
Tu affirmes ton autorité

Tu te faufiles dans les blessures
Sans aucune mesure
Tu déchires l'âme
Laissant couler les larmes

Tu t'installes dans nos cœurs
Et te nourrit du malheur
Tu es fidèle tu envahis
Tu ensorcelles tu assombris

Tu es l'asile de l'âme
Et tu aspires le drame
Tu mets le corps à mal
De ton éloquence abyssale

Ton plaisir assouvi
De nous voir affaiblis
Tu souris de ton devoir accompli
Satisfaite de ton silence étourdi

Mais l'esprit oublie ton arrogance
Inutile de t'installer dans sa conscience

Souvenirs

Mon cœur souffre sans toi
J'entends parfois ta voix
Je ferme les yeux
Instants heureux

Nos souvenirs
Vivre sourire
Main dans la main
Sur notre chemin

Je pense à toi
Mon cœur en émoi
Ton sourire éclatant
Ta pudeur du moment

Goûter à tes baisers
Te regarder danser
Enveloppée de douceur
Attise mon cœur

Nos moments d'ailleurs
La danse de nos cœurs
Sur cette musique de la vie
Images à l'infini

Promenade au bord de l'eau
Rêvant tout est beau
Instants éboulis
Écoutant le clapotis

M'offrir ce cadeau
Tes mains sur le piano
Musique rythmée
Fière de t'écouter

Ce chemin au milieu des pins
Menant à ce paysage sans fin
Accueillant l'océan
Le paradis des amants

Instant inattendu
Le temps est suspendu
Envahie de bonheur
Tu dessines notre cœur

Tant de belles images
De moments de partage
Ébranlée de t'avoir rencontré
Toi qui m'as échappé

T'imaginer ailleurs
Donner ton cœur
Vivre loin de moi
J'ai le mal de toi

Mon cœur déchiré
Le souffle coupé
Moments déstabilisants
En me remémorant

Rêvant de te retrouver
Tu as tout cloisonné
L'espoir d'un jour
Autrement pour toujours

Tableau

Toi assise sur un banc
Regardant droit devant

Te voir vivre
Sourire m'inspire

Instant de vérité
Le temps est figé

La mine apposée sur le papier
Esquisse ton contour familier

Accentuant les courbes de ton corps
Elle dessine sans aucun effort

Faisant glisser ma main
Ajustant la chute de tes reins

Effleurement d'un instant
Je retrouve mon élan

Tes cheveux défaits
Tout est parfait

Ton sourire apaisé
Le dessin terminé

Quelques touches de couleur
Rehaussent ton bonheur

Ton regard pétillant
Fige le moment présent

Tic-tac

S’envoler le matin
Tel un papillon plein d’entrain

Ouvrir ses ailes
Journée nouvelle

Se laisser porter
Respirer s’émerveiller

Profiter de chaque instant
Sans se préoccuper du temps

Suivre son chemin
Tracé du matin

Il est accueillant
Souriant riant

Agir vivre
Ressentir s’épanouir

Inventer donner
Aimer pardonner

Danser sur cette mélodie
La musique de la vie

T’imaginer

T’imaginer ce matin
Lover dans tes draps de satin

Tes yeux fermés
Juste à côté

Me blottir contre ton dos
T’enlacer sentir le chaud

Nos corps peau à peau
Simplement bon et beau

Toi

Tu me bouleverses
Tout se renverse

Ton souffle sur ma peau
Tes mains dans mon dos

Je te désire
Je te respire

Tu habites mes pensées
Me laisser transporter

Envie de te plaire
Envie de toi

Rêver glisser
Vibrer enlacer

Écouter ton silence
Vivre une danse

La nuit comme le jour
Moments d'amour

Envie d'un lendemain
D'un nouveau matin

Toi et moi

Envie d'un enfant de toi
Et construire notre toit

Cet enfant né et perdu
Réessayer malgré ce choc interrompu

Mais tu as bloqué
Sans vouloir te regarder

Et tu m'as laissé espérer
Était-ce un désir partagé ?

Tes silences tes absences
Incompétence violence

Je suis déconcertée
De te voir me malmener

Vivre ce cauchemar
Sans plus aucun espoir

Notre couple brisé
Plus de place à tes côtés

Ne plus vivre cette partition désaccordée
Sauver ma peau de cette souffrance insoupçonnée

Toi, mon possible

Tu es celle qui me séduira
Le trouble de ta voix
La prunelle de tes yeux
Celle qui sera là
Le cœur en émoi
Ton sourire lumineux

Ta posture affirmée
L'élégance de tes mots
Ton écoute pas de doute
Ta prestance affichée
La fragrance de ta peau
Il suffit de quelques gouttes

Ta justesse délicatesse
Échafaudage engrenage
La chanson de tes pensées
Ta tendresse tes caresses
Ton simple partage
Déguster tes baisers

L'alchimie de nos corps
Susurrer enivrer
Me brûler de ta fièvre
Sans aucun effort
Tu me feras basculer
Au rythme de tes lèvres

Toi qui me déshabilleras
De ton regard impétueux
Comme une évidence
Toi qui m'aimeras
Le cœur en feu
Prenant ma main pour une danse

Tu sais quoi

Mes espoirs ne brûlent plus
Plus envie de me laisser bercer
Par tes images hachées
Le décor est suspendu

Ne plus me contenter du peu
Refuser de m'épuiser
Laisser tomber
Car pour toi juste un jeu

Arrêter de venir te chercher
Là où il n'y a rien à trouver

Vin

Ta robe tourmentant le verre
Qu'une envie te goûter te déguster
Enivré de tes arômes généreux
Tu laisses le délicat l'harmonieux
S'emparer de la finesse la rondeur
Qu'offre ta propre vertu
La découverte l'inattendu

Vivre

Se laisser porter
Ne rien obliger
Juste prendre le temps
Vivre l'instant présent

Poussé par le vent
Courir droit devant
Avancer sans reculer
Le regard apaisé

Au rythme des pas
Sans aucun fracas
Ne pas attendre
Se laisser surprendre

Moment de folie
Juste pris
Instant de passion
Sans aucune raison

Partager des rires
Sourires soupirs
Se remplir de joie
Le cœur en émoi

S'émerveiller du peu
Juste merveilleux
Le souffle du présent
Le rêve d'un instant

Table des matières

Imprimé en Allemagne
Achevé d'imprimer en août 2023
Dépôt légal : août 2023

Pour

Le Lys Bleu Éditions
40, rue du Louvre
75001 Paris